まえがき

　本シリーズは「どうしたらできるようになるのか」「どうしたらうまくなるのか」という子どもの願いに応えるために，教師が知っておきたい「『運動と指導』のポイント」をわかりやすく示している。

　その特徴は「写真」にある。「写真」を使って運動の経過やつまずきを示すことで，動きと運動のポイントが明確になるようにしている。絵では示し得ない運動の姿をリアルに描き出し，それを日々の授業に役立てていただけることを願ってまとめている。

　このシリーズは，小学校における体育科の内容を考慮し，**「鉄棒」「マット」「とび箱」「ボール」「水泳」「陸上」「なわとび」「体つくり」**の各巻で構成している。それを筑波大学附属小学校の体育部並びに体育部OBで分担，執筆した。

　各巻のなかで取り扱う運動は，系統と適時性を考慮して配列し，基礎的な運動からその発展までを系統樹として巻頭に示した。

本書は，このシリーズのなかの**「水泳」**である。

　水泳は，水の中という非日常の状況で行う運動である。浮いたり，もぐったり，跳びはねて倒れ込んでもケガはしない。そんな活動が子どもたちは大好きである。

　反面，非日常であるがために，プールにはいれないような恐怖感を感じる子どももいる。家庭の協力と，1年生初期からの適切なスモールステップで，水泳大好き，プール大好きの子どもを一人でも増やしたい。

　先生方自らが積極的な水泳授業を実践し，短時間でもプールにはいる回数を増やすことがその対策の第一である。そのための方策は「水泳の授業づくり10のコツ」で述べている。

　本書が水泳の授業にわずかながらでも役立ち，水辺で笑顔で過ごす子どもが一人でも増えることを願ってやまない。

　最後に，本書の出版にご尽力いただいた，多くの関係諸氏に心よりお礼を申し上げたい。

水泳の授業づくり
10のコツ

1. 保護者の理解・協力を

　水泳は非日常的な活動であり，プールという環境がなければ練習を進めることができない。しかし，入門期には家庭でできる有効な練習がある。それについては，1年生最初の保護者会で依頼しておきたい。

　それは，洗顔やお風呂での水慣れの活動である。まずは，毎朝の洗顔では水でバシャバシャと顔を洗えること。1年生には，水による洗顔ではなく温かいタオルで顔を拭いてもらっている子どもがいる可能性がある。このような子どもは，プールサイドで「恐い」と言って泣き叫ぶことがある。

　次に，シャンプーの際には頭からお湯をザブザブかけられるようにしておくこと。大人の膝の上で美容院のようなバックシャンプーをしている家庭があれば，入学を機にこれをやめて頭からお湯をかけるように勧める。

　頭からお湯をかけても大丈夫という子には，湯船のお湯にもぐったり浮いたりという遊びを楽しませたい。各家庭の方針もあるのでここまでは難しいかもしれないが，お湯をかぶるところまではぜひ家庭に協力を依頼したい。

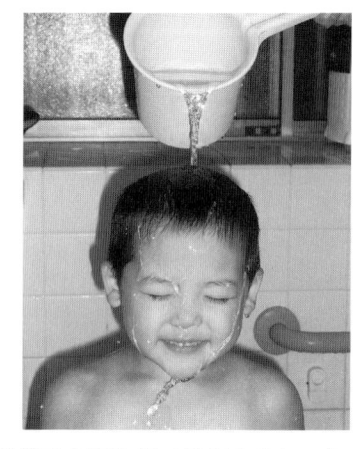

　もう一つ，これは全学年で保護者に知らせておきたい。それは，水泳授業は小雨決行で実施するということである。水泳授業の実施については，各学校・教育委員会で水温・気温をもとに基準を設置している。この基準に達した場合には，小雨でも水泳の授業は実施すると伝えておきたい。具体的な方法は4.で述べる。

2. 1クラスで水泳授業を

　水泳授業の期間に特別時間割を組み，学年で，あるいは2学年で，2時間を基本単位時間として水泳授業を実施している学校も見受けられる。多くの場合，教師の監視の目を多くして安全対策を図り，十分な入水時間を確保するのがそのねらいである。安全対策については，水泳期間に限って管理職や空き時間の先生の協力をいただき，1クラス単位の授業を行いたい。時間については次の3.で触れる。

　1クラスで小回りのきく授業をしたいのである。「全クラスが揃うのを待って準備運動を行う」「シャワーを浴びて全員が揃うのを待つ」といった時間を減らして授業の効率化を図りたい。

3. 1時間で回数の多い水泳授業を

　2.の1クラスの授業が可能になると，水泳授業は1時間で行うことができる。小回りがきくようになり，1時間でも十分な学習時間が確保できるようになるのだ。

　また水泳の授業は，年間10時間を目安に実施している学校が多い。これを2時間で実施すると，授業回数は5回になる。子どもへの運動刺激を考えると，「2時間授業を5回」よりも「1時間授業を10回」の方が効果が高いのである。

　低学年の場合，着替えに時間がかかり入水時間が少なくなるということもあるが，「水泳の前の授業が終わったらすぐにトイレに行って着替えを始める」「衣服全部に記名をしておく（これは家庭への依頼となる）」「下着を脱いだことを確認して水着を着る」「着替えた子から着席して待つ」といったことを確認していくことで，だんだんと着替えも速くなってくる。

4. 小雨決行で授業数の確保を

1クラス1時間の授業ができると，小雨でも効果の上がる授業ができるようになる。

小雨の場合は，授業の前半に体育館で体つくり運動で体をあたため，後半にプールへ移動して水泳を行うのである。プールへ移動する際には，プールへはいった後の指示をある程度しておき，入水した後のマネジメントの時間を短縮したい。また，子どもがすでに経験している課題や教材を取り上げると指示・説明の時間が短くてすむ。

5. 共通課題で，見合い，教え合い

クラスで共通の課題を持ち，2人組～4人組の学習でお互いに見合ったり，教え合ったりという学習を進めたい。めあて別学習で，ばた足をやったり，クロールや平泳ぎなどの4泳法をばらばらに練習したりしていたのでは，担任1人の授業は無理である。また，学校で，クラスで学習している意味も薄れてしまう。各学校のカリキュラムに従い，それぞれの学年の重点教材を中心に授業を進めたい。

これは，安全管理にも有効である。みんなで同じ活動をしていると，1人だけ違う，異常があるといった状況を見つけやすいのである。

6. 普段の班でおりかえしの運動を

プールを横に使って，10m～15mを往復しながらの練習が効率的・効果的である。子どもが課題を意識して泳ぐのに適しているのがこの距離である。この練習方法だと，プールの深さによって練習場所を決められるし，活動範囲が一目で把握でき安全管理もしやすい。

7. 2人組の学習で効率よく

特に低学年の，もぐる・浮く，そして初期の進む活動では，2人組を活用してお互いにお手伝いや評価の活動を行うとよい。お手伝い，評価の方法を理解させて相互に行わせることで，活動量を大幅に増やせるのである。また，仲間の運動を見て評価することで，その運動や技のポイント，コツをより理解することができるのである。

8. 低学年から泳ぐことを意識して

学習指導要領に低学年は「水遊び」と表記されていることもあって，つい「遊び」を意識しすぎた指導になりがちであるが，けのびやばた足で進むといった，泳ぐことにつながる活動も低学年のうちから十分に扱っておきたい。

9. 高学年まで感覚づくりを大切に

8.と相反するようだが，高学年になっても水に対する感覚，水の中での姿勢感覚を育てる活動などは，随時取り入れていきたい。もぐる・浮く，回転する，スカーリング動作などは，泳げるようになった子にも有効な活動である。

10. 子どものゴーグル使用は慎重に

「水に対する恐怖感を軽減する」「目を保護する」というねらいで水泳ゴーグルの使用を許可，あるいは推進している学校もある。水泳をスポーツとしてとらえるとそれも一つの方法ではある。ただ「水の事故から自らを守る」という観点からすると安易に使用を許可するべきではないと考える。ゴーグルをしての着衣泳の実習は本末転倒ではないだろうか。

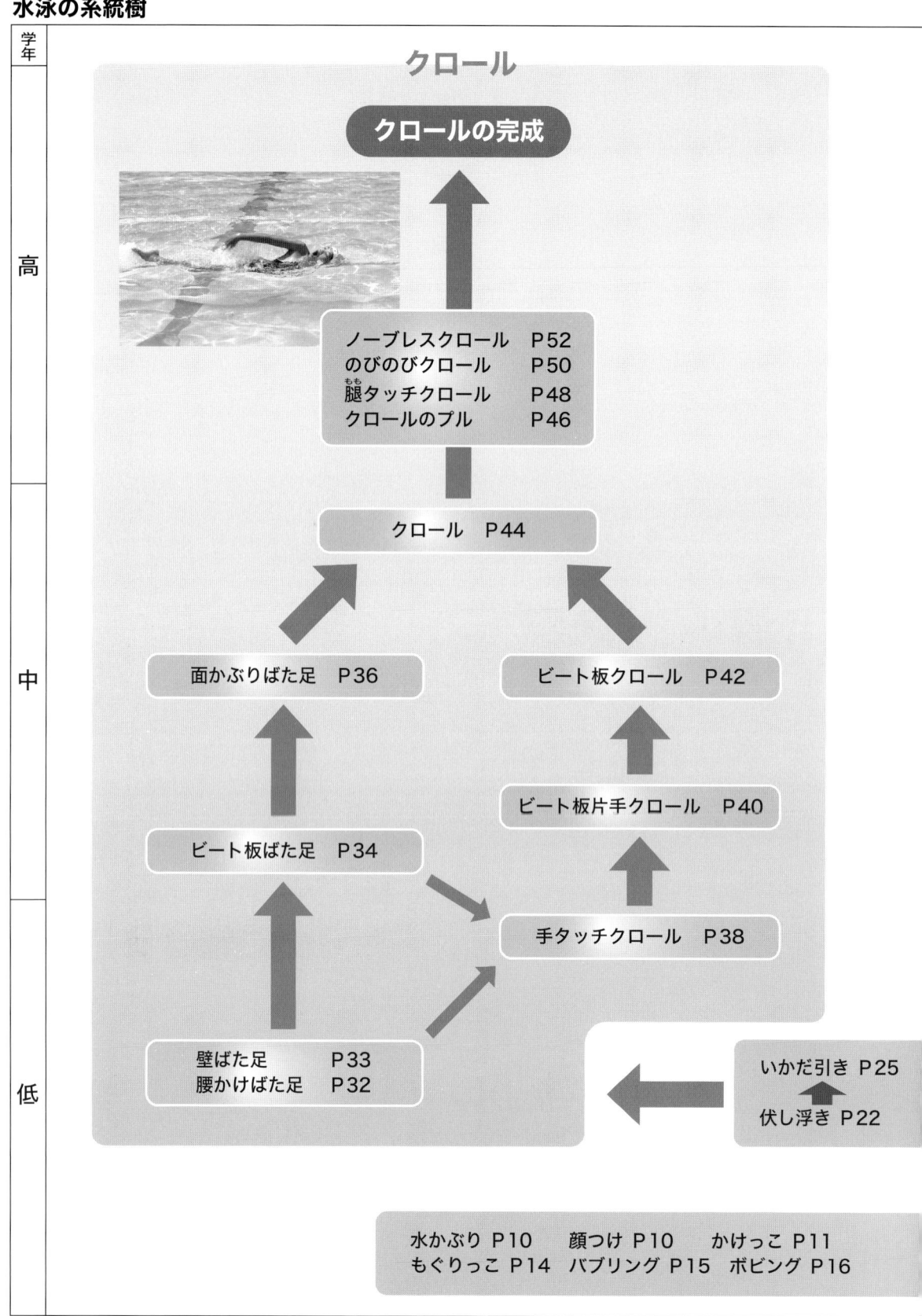

水泳の系統樹

学年	
高	クロール

クロールの完成

- ノーブレスクロール　P52
- のびのびクロール　P50
- 腿（もも）タッチクロール　P48
- クロールのプル　P46

クロール　P44

| 中 | |

面かぶりばた足　P36　　　ビート板クロール　P42

ビート板片手クロール　P40

ビート板ばた足　P34　　　手タッチクロール　P38

| 低 | |

壁ばた足　　　　P33
腰かけばた足　　P32

いかだ引き　P25
伏し浮き　P22

水かぶり P10　　顔つけ P10　　かけっこ P11
もぐりっこ P14　　バブリング P15　　ボビング P16

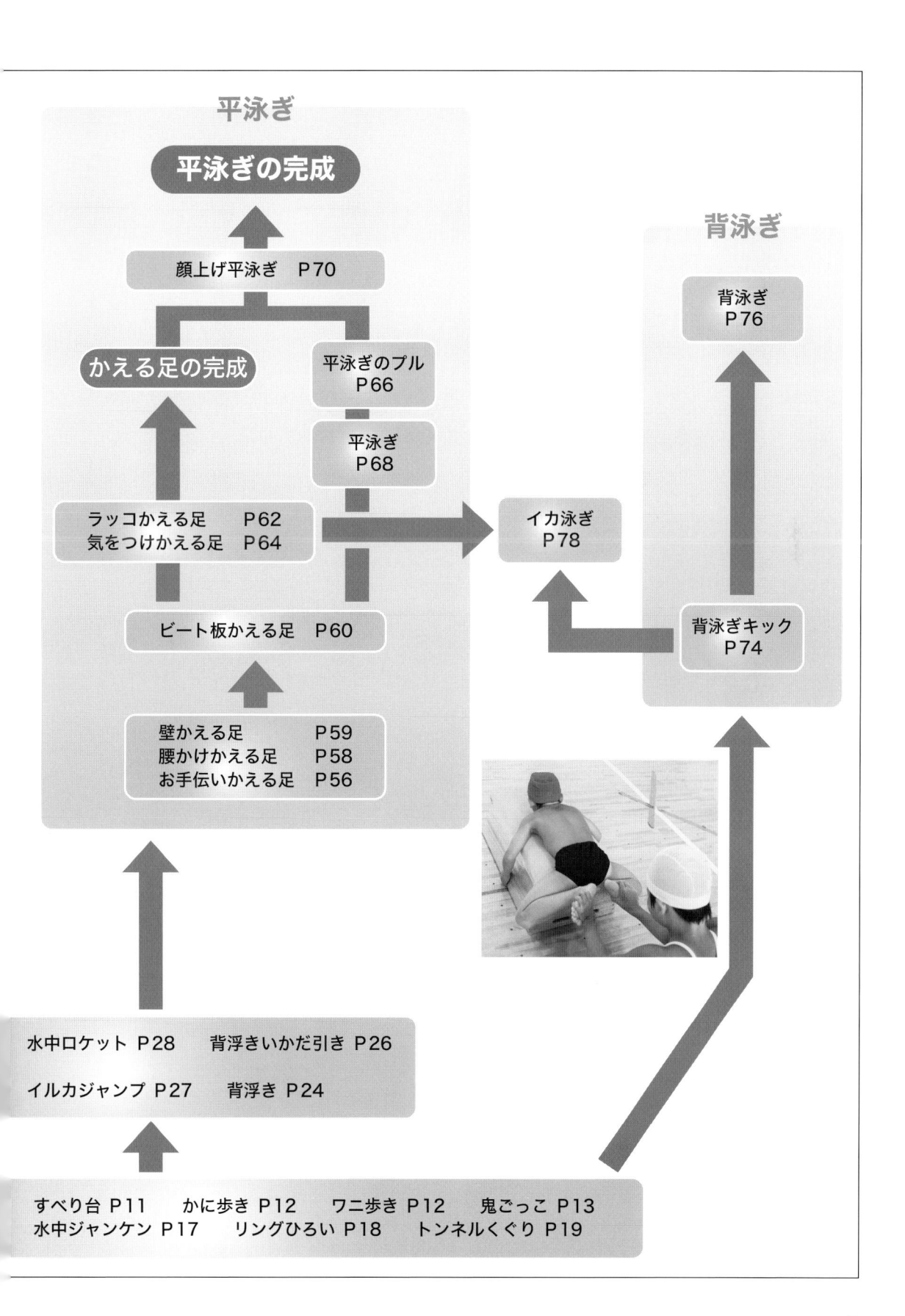

平泳ぎ

平泳ぎの完成

↑

顔上げ平泳ぎ　P70

↑

かえる足の完成　　　平泳ぎのプル　P66

　　　　　　　　　　　　平泳ぎ　P68

↑

ラッコかえる足　P62
気をつけかえる足　P64　→　イカ泳ぎ　P78

↑

ビート板かえる足　P60

↑

壁かえる足　P59
腰かけかえる足　P58
お手伝いかえる足　P56

背泳ぎ

背泳ぎ　P76

↑

背泳ぎキック　P74

↑

水中ロケット P28　　背浮きいかだ引き P26
イルカジャンプ P27　　背浮き P24

↑

すべり台 P11　　かに歩き P12　　ワニ歩き P12　　鬼ごっこ P13
水中ジャンケン P17　　リングひろい P18　　トンネルくぐり P19

目次

◇まえがき　　　　　　　　　　　　　　　　　　　　1

◇水泳の授業づくり10のコツ　　　　　　　　　　　2・3

◇水泳の系統樹　　　　　　　　　　　　　　　　4・5

Ⅰ．水に慣れる運動（かぶる・もぐる）
- ■水かぶり・顔つけ　　　　　　　　　　　　　　10
- ■かけっこ・すべり台　　　　　　　　　　　　　11
- ■かに歩き・ワニ歩き　　　　　　　　　　　　　12
- ■鬼ごっこ　　　　　　　　　　　　　　　　　　13
- ■もぐりっこ　　　　　　　　　　　　　　　　　14
- ■バブリング　　　　　　　　　　　　　　　　　15
- ■ボビング　　　　　　　　　　　　　　　　　　16
- ■水中ジャンケン　　　　　　　　　　　　　　　17
- ■リングひろい　　　　　　　　　　　　　　　　18
- ■トンネルくぐり　　　　　　　　　　　　　　　19

Ⅱ．水泳につながる運動（浮く・進む）
- ■伏し浮き　　　　　　　　　　　　　　　　　　22
- ■背浮き　　　　　　　　　　　　　　　　　　　24
- ■いかだ引き　　　　　　　　　　　　　　　　　25
- ■背浮きいかだ引き　　　　　　　　　　　　　　26
- ■イルカジャンプ　　　　　　　　　　　　　　　27
- ■水中ロケット　　　　　　　　　　　　　　　　28

Ⅲ．クロール
- ■腰かけばた足　　　　　　　　　　　　　　　　32
- ■壁ばた足　　　　　　　　　　　　　　　　　　33
- ■ビート板ばた足　　　　　　　　　　　　　　　34
- ■面かぶりばた足　　　　　　　　　　　　　　　36
- ■手タッチクロール　　　　　　　　　　　　　　38
- ■ビート板片手クロール　　　　　　　　　　　　40

■ビート板クロール　　　　　　　　　　　　　　　　　　　　*42*
■クロール　　　　　　　　　　　　　　　　　　　　　　　　*44*
■クロールのプル　　　　　　　　　　　　　　　　　　　　*46*
■腿(もも)タッチクロール　　　　　　　　　　　　　　　　　　*48*
■のびのびクロール　　　　　　　　　　　　　　　　　　　*50*
■ノーブレスクロール　　　　　　　　　　　　　　　　　　*52*

IV. 平泳ぎ

■お手伝いかえる足　　　　　　　　　　　　　　　　　　　*56*
■腰かけかえる足　　　　　　　　　　　　　　　　　　　　*58*
■壁かえる足　　　　　　　　　　　　　　　　　　　　　　*59*
■ビート板かえる足　　　　　　　　　　　　　　　　　　　*60*
■ラッコかえる足　　　　　　　　　　　　　　　　　　　　*62*
■気をつけかえる足　　　　　　　　　　　　　　　　　　　*64*
■平泳ぎのプル　　　　　　　　　　　　　　　　　　　　　*66*
■平泳ぎ　　　　　　　　　　　　　　　　　　　　　　　　*68*
■顔上げ平泳ぎ　　　　　　　　　　　　　　　　　　　　　*70*

V. 背泳ぎ

■背泳ぎキック　　　　　　　　　　　　　　　　　　　　　*74*
■背泳ぎ　　　　　　　　　　　　　　　　　　　　　　　　*76*
■イカ泳ぎ　　　　　　　　　　　　　　　　　　　　　　　*78*

I. 水に慣れる運動
（かぶる・もぐる）

水に慣れる運動「かぶる・もぐる」
水かぶり・顔つけ

低

水泳は非日常の活動になるため，クラスの中には意外なほど水に慣れていない子どもがいる。巻頭の「水泳の授業づくり10のコツ」でも述べているように，水慣れは家庭に依頼しておきたい部分である。洗顔の場合，まずお湯で練習すると温度による刺激も少なくてやりやすい。

■**顔洗い**■
まずは，洗面器の水でバシャバシャと顔が洗えるようにする。
両手でたっぷりと水をすくい，連続して顔に水がかけられるようにする。

■**顔つけ**■
洗面器の練習で
①水に顔がつけられる
②目が開けられる
③顔をつけて息が吐ける
までできるようになるとよい。
洗面器でできても，「大きなプールの水は恐い」という子もいるので，プールでも確認し，練習をする必要がある。

■**水かぶり**■
水の量をだんだんと増やして練習する。
一気にたくさんの水をかけたり，少しずつ長い時間をかけたりして，水慣れを進める。

水に慣れる運動「かぶる・もぐる」
かけっこ・すべり台

低

　「顔を水につける」「浮く」というような，直接泳ぐことにつながらないと思われる活動も，低学年では大切な活動になる。
　全身で水を感じて水慣れを進めたい。

■浅いプールでかけっこ■
下半身に水の抵抗を感じて走る。その抵抗のために倒れ込んだとしても，ケガの心配はない。
高学年，中学生になったときには，「この抵抗（水の粘性）のおかげで水をかいて進むことができる」ということを理解させてもよいだろう。

■深いプールでかけっこ■
水に沈む部分が多くなるので，より水の抵抗を感じることができる。
同時に体が浮き始め，足がプールの床から離れてくる。子どもが意識しなくても，水に浮く感覚を感じとらせることができる。

■すべり台■
すべり台を滑らせ，そこに教師が多量の水をかけてやるとよい。子どもは楽しみながら水慣れを進めることができる。
慣れてきたら，「スーパーマン」と称して頭から滑るようにすれば，着水の際に顔が水についたり，顔に多量の水がかかったりする。

水に慣れる運動「かぶる・もぐる」
かに歩き・ワニ歩き

低

動物の動きを模倣する活動を取り入れて，楽しく活動させたい。
全身に水を感じて水慣れを進めたい。

■かに歩き①■
プールにしゃがんで，鼻（口）まで水に沈める。
息を吐き，かにのように泡を出しながら横に歩く。
水中で息を吐けること（バブリング）が息つぎ練習の第1歩である。

■かに歩き②■
プールサイドにつかまって，鼻まで水に沈めて息を吐く。
深いプールでの初期の活動にすると，冒険心もくすぐり楽しい活動になる。1列に並んで，一定の距離を移動する。

■ワニ歩き■
浅いプールを，手を使って歩く。多少深くて顔がもぐってしまうところも頑張って歩きたい。
余裕のある子には教師が水をかけたりして，水慣れを進める。

水に慣れる運動「かぶる・もぐる」
鬼ごっこ

低

　子どもたちが大好きな「鬼ごっこ」に，「たか鬼」の要領で水慣れの課題をはめこむ。鬼は教師が務め，つかまった子はプールサイドに上げたり，水慣れの課題を設定したバツゲームを用意しておいて，それをやってから再び参加するなどのルールを決め，楽しく活動させたい。「かけっこ」(p.11)の効果もある。

■かにさん鬼■
「かにさん」のように，口・鼻を水につけてブクブク泡を出している間はつかまらない。
鬼（教師）は水慣れが不十分な子のそばで時間を取り，たくさんブクブクさせる。これは，以下の鬼ごっこでも同様。

■もぐり鬼■
頭までもぐっている間はつかまらない。
鬼が近づき，一生懸命もぐろうとしているうちに，体が自然に浮き始める。

■だるま浮き鬼■
だるま浮きをしている間はつかまらない。鬼が近くにいる，いないにかかわらず，ずっと浮いていようとする子も出てくる。息つぎをして浮いていることも可能。

水に慣れる運動「かぶる・もぐる」
もぐりっこ

低

　水に慣れてきたら，水にもぐることを十分に経験させたい。頭までしっかりもぐることで自然に体が浮いてくる。
　もぐった後に顔をふかない，水の中で目を開けるなども意識できるとさらによい。

■**耳までもぐる**■
伏し浮きや背浮きという「浮き遊び」でポイントとなるのが「耳まで」もぐることである。耳が水中にはいっていると体がしっかり浮いてくる。

■**頭までもぐる**■
頭までもぐっていると体が浮いてくる。
水を怖がらないでしっかりもぐれることが大切になる。

■**みんなでもぐりっこ**■
仲間と競争すると，楽しく意欲が高まる。
胸程度の水深のプールで行うと，しっかりもぐっている子は，体が浮いてきているのがわかる。

水に慣れる運動「かぶる・もぐる」
バブリング

低

　水中で息を吐き，泡を出すので「バブリング」。これが息つぎの基本になる。水中でしっかり息が吐けると，水から顔を上げたとき自然に空気が肺にはいってくるようになる。

■口でバブリング■
口だけを水の中に入れ，息を吐く。
水慣れがそれほど進んでいなくても，可能な練習である。

■鼻でバブリング■
鼻まで水の中に入れて，鼻から息を吐く。泳ぎの練習が進んでいくと，「息こらえ→鼻から吐く→口からも吐く→息を吸う」という順に息つぎをするようになる。

■もぐってバブリング■
頭までもぐって息を吐く。
ゆっくり，長く息を吐けると，体の浮力がなくなり，沈んでいくのもわかってくる。

水に慣れる運動「かぶる・もぐる」
ボビング

低

バブリングで水中で息を吐き，水から顔が出る瞬間に「バッ！」と大きな声を出すと肺が一気に縮まる。その反動で肺が膨らむことで，気道・肺に新鮮な空気がはいってくるのである。

低学年の子どもには「ブー　バッ！」という擬音語でイメージさせるとよい。

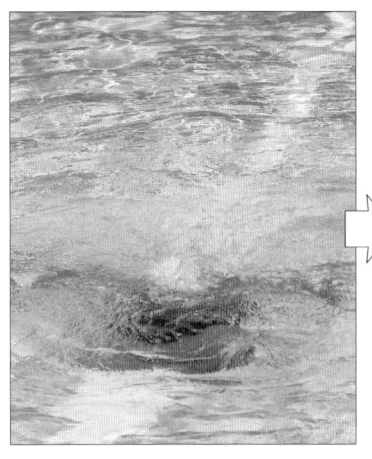

■その場でボビング■
しゃがむことで水にもぐり，「ブー」と息を吐く。
ジャンプで水から出る瞬間に「バッ！」と大きな声を出す。連続10回はできるようにしたい。

■友だちとボビング■
友だちと手をつないでリズムを合わせて「ブー　バッ！」を続ける。
2人，4人…と人数を増やすと，シンクロナイズド的な楽しさも味わえる。
クラス全員で行ってもよい。

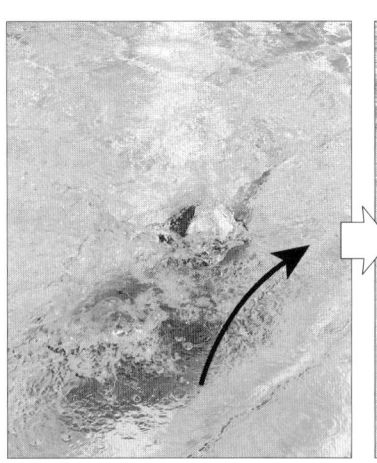

■進みながらボビング■
プールの短辺（10m～15m）程度をボビングで進む。
前方向へジャンプして，イルカジャンプに近い動きになる子も出てくる。

水に慣れる運動「かぶる・もぐる」
水中ジャンケン

低

単純な練習を繰り返すことはとても大切なことだが，子どもにとっては次第につまらなくなり飽きてしまうことが多い。水泳に限らず，ジャンケンを用いたゲームにすることで飽きずに課題の動きを繰り返すことができる。水泳の場合は，水中でのジャンケンそのものが課題にもなる。

「ジャンケン」

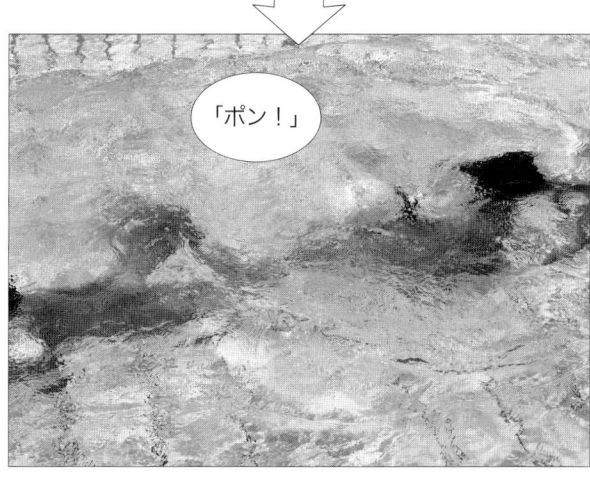

「ポン！」

■ジャンケン　ポン！■
水中ジャンケンの初期は，『「ジャンケン」は顔を水につけない状態で，「ポン！」のときにもぐる』という動作になる。
しっかりもぐれていない子は水中で目を開けていない場合もあるので，教師が相手になって確認するとよい。

■水にもぐって「ジャンケン　ポン！」■
水にもぐってから，水の中で「ジャンケン　ポン！」と声を出して，タイミングを合わせてジャンケンをする。
ある程度「長くもぐっていられる」「水中で声が出せる」「息が吐ける」「目が開けられる」などの力が必要になる。

17

水に慣れる運動「かぶる・もぐる」
リングひろい

低

水にもぐって目を開けられるようになると，プールの底にあるものをひろう遊びができるようになる。
浅いプールに顔をつけてひろうゲームから始めて，深いプール，ひろいにくいものをひろうゲームへと進めていく。

■顔だけつけてリングひろい■
腰程度の深さのプールで，顔をつけてリングをひろう。足でリングを探ったり，足で引っかけてとらないように指示する。

■深いプールでリングひろい■
少しプールが深くなると，積極的にもぐってひろうことになる。
息こらえをして長くもぐること，目を開けて目標に向かってしっかりもぐることが必要になる。

つまずく動きと指導のポイント

●顔を水につけてもすぐに上げてしまう
　→　先生が浅い位置でリングを持ち，子どもに顔をつけてひろわせる。
　　　顔をつける瞬間に少しリングを動かしてみたりして，目を開けていることを確認してもよい。

水に慣れる運動「かぶる・もぐる」
トンネルくぐり

低

水慣れ，もぐる練習が仲間と楽しくできるゲーム的な活動である。
　相手のまたの下をくぐるだけでも面白いし，ジャンケンで勝った方が相手のまたの下をくぐることにしてもよい。

■浅いプールでトンネルくぐり■
腰程度の深さのプールで，トンネルくぐりをする。
プールが浅いので，少しもぐれば仲間のまたをくぐることができる。

■深いプールでトンネルくぐり■
少しプールが深くなると，より深くもぐって仲間のまたをくぐることになる。もぐって息こらえをして前に進むのはなかなか大変だ。

つまずく動きと指導のポイント

●顔を水につける，もぐるで精一杯。前に進むことは難しい
　➡　もぐったら相手の子が自分の後ろ方向へ押してやるとよい。足を少し上げて，もぐる深さを浅くしてやってもよい。

II. 水泳につながる運動
（浮く・進む）

水泳につながる運動「浮く・進む」
伏し浮き

低

肩まで水に沈めて，空気をたくさん吸いこんで準備する。

顔を水につけて，耳まで水に沈めて浮力を得る。

下半身が浮き出したら手足を伸ばす。
おなかをへこませてお椀型を意識した姿勢をとる。

空気をたくさん吸いこみ，顔を水につけ，耳までもぐることで体全体を浮かせる。このとき，リラックスして余分な力を抜くこと，おなかをへこませて体をお椀を伏せた形（以下お椀型）にすることがポイントになる。
　「耳まで沈める」と「お椀型の姿勢」は，泳ぐときにも大切なポイントとなる。

予備的な運動　　伏し浮きの前に，あるいは伏し浮きと並行して練習させたい

■**だるま浮き**■
空気を吸いこみ顔を水につけ，足を抱えて体を丸める。
そのまま息こらえをしてできるだけ長く浮いているようにする。

■**くらげ浮き**■
伏し浮きと同じ要領で体が浮き出したら，手足の力を抜いて浮く。
伏し浮きよりも姿勢の保持が容易な浮き方である。

■**大の字浮き**■
伏し浮きと同じ要領で体が浮き出したら，手足を広げて漢字の「大」の字をつくる。手足を広げる分，ひっくりかえりにくくなり，姿勢の保持が容易である。
あごを引いておへそを見るようにして，お椀型の姿勢をつくる。

水泳につながる運動「浮く・進む」

背浮き

低・中

水に浮いたまま呼吸の確保ができる「背浮き」はできるだけ早い段階から練習したい。
背浮きも，耳まで沈めて，お椀型の姿勢をつくることがポイントとなる。

肩まで水に沈めて，空気をたくさん吸いこんで準備する。

水面に静かに寝るように頭を沈める。耳まで確実に水に沈めて浮力を得る。

伏し浮きと反対に，あごを開いて，おへそを水面から出すように体を反らせて，お椀を伏せた形をつくる。
手は気をつけの位置で，少し水をかくようにすると姿勢を保持しやすい。

水泳につながる運動「浮く・進む」
いかだ引き

低・中

　2人組で、1人が伏し浮き(p.22)になり、もう1人が相手の手を持ちゆっくり引っぱる。
　前に進む感覚を養うのと同時に、浮きやすい姿勢を感じ、体の下を水が流れることで浮きやすくなるという利点もある。

伏し浮きの姿勢で両手を重ね、相手はそれを片手で持って、後ろ向きにゆっくり引っぱる。
引っぱる子には、走らないように指示しておく。

耳まで沈んでいない場合は、引っぱる子が頭をさわって相手にそのことを知らせてやる。
頭をさわられたら、おへそを見るようにあごを引いて耳まで沈める。

体の下に水流ができることで体が浮きやすくなる。

水泳につながる運動「浮く・進む」

背浮きいかだ引き

低・中

　２人組で１人が背浮き(p.24)になり，もう１人が頭を持って，ゆっくり後ろに引っぱる。
　頭を持つことで，顔に水がかかる，頭が沈むという恐怖感を取り除くことができる。背面に水流ができるため浮きやすいのは，いかだ引き(p.25)と同じである。

背浮きの姿勢で，お手伝いの子が後頭部を持って，後ろにゆっくり引っぱる。
背浮きをしている本人は，体の脇で少し手で水をかくとより浮きやすい。

おなかを引っ込めて腰が沈んでしまう子には，耳元で「おへそを出して！」と大きな声で言ってやるようにする。

体の背面に水が流れることで，体が浮きやすくなる。

水泳につながる運動「浮く・進む」
イルカジャンプ

低・中

　イルカのようにジャンプして手先→頭と入水する運動。動きを連続させることで「ボビング」(p.16)もすることになる。
　「かに歩き」「ワニ歩き」(p.12)と合わせて，動物シリーズとして扱うのもよい。

プールの床をけって，バタフライのように腕を前へ振り出す。
おへそを見てあごを引き，体は「く」の字に曲げるように意識する。

腕で頭をはさみ込むようにして，「水中ロケット（けのび）」(p.28)と同じ姿勢をつくる。
手→頭→胴の順でスムーズに入水できるとよい。
入水したら指先を上に向け，もぐりすぎないようにする。

水を押さえながら立ち上がり，連続して次のイルカジャンプができるように準備する。

水泳につながる運動「浮く・進む」
水中ロケット

低・中

腕で頭をはさみ，左右の親指どうしをひっかけてロケットの先端部分をつくる。
腕が耳の後ろにくるようにすると，あごを引いたよい姿勢になりやすい。

全身を水中に沈める。

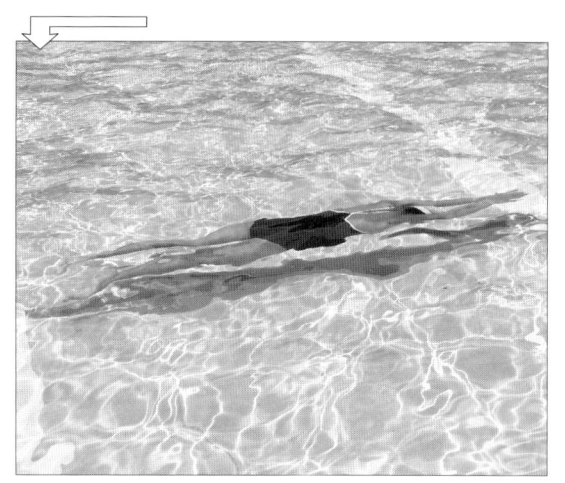

左右にぶれたり，左右の腰や肩が上がってこないように姿勢を保ちつつ浮いてくる。

前に進まなくなったら，両手で水を押さえるようにして立つ。その場所から，イルカジャンプ(p.27)をして，水中ロケットと同じ姿勢をつくるのもよい。

「けのび」であるが，低学年の子どもには「水中ロケット」とした方が運動のイメージが持てる。
　水の抵抗の少ない姿勢がとれること，しっかりもぐって水中を進めることがポイントとなるが，低学年では水面を進んでもよしとする。

両脚をそろえて壁をける。
目線は自分のおへそ，腕で頭をはさんだまま，あごは引いておく。

抵抗の少ない姿勢で水中を進む。

つまずく動きと指導のポイント

● 前を見てしまい，顔が抵抗になる
　➡ 両腕で耳の後ろで頭をはさみ，あごを引く。
　　自分のおへそを見るイメージで。

● 水面を進んで泡や波がたち，抵抗が大きくなる
　※低学年の段階ではこれでもよい
　➡ やや下向きの方向へけり出すとよい。

III. クロール

> クロール
腰かけばた足

低

　伏し浮きの姿勢になると自分の足は見えないので，足が見えるようにプールのステップに腰をかけさせ，足を水に入れてばた足をする。膝が曲がりすぎないように，足首が曲がらないように意識させ，曲がりすぎている場合は教師が補助・矯正をする。

運動のポイント

ステップに腰かけ，正面から足の裏が見えないように，膝・足首をしっかり伸ばす。
教師は子どもの前に立ち，膝・足首の伸び具合を確認する。

ばた足をしている間も，膝・足首を伸ばすことを意識させる。
しっかり水をとらえていると，足の甲に水の抵抗を感じることができる。

つまずく動きと指導のポイント

●膝が曲がってしまう
　→　膝を持って曲がらないように補助する。

クロール
壁ばた足

低

壁につかまって，体が沈まないように安定させてばた足を行う。
　姿勢が安定している分，膝や足首を意識してばた足をすることができる。顔を上げて行う場合は，片手は水面，片手は水中と上下差をつけて，姿勢を安定させる。

運動のポイント

壁につかまって肩まで水に沈め，姿勢を安定させる。

膝・足首を伸ばして，ばた足を行う。
実際には水の抵抗で膝は曲がるが，子どもには，「膝は伸ばす」と意識させておくのがよい。
「膝を伸ばして腿から動かす」というイメージである。

つまずく動きと指導のポイント

●膝が曲がってしまう
　➡ 「腰かけばた足」(p.32)と同様に，教師が膝を持って曲がらないように補助する。
　　「腰かけばた足」よりも腿が前後に大きく動くので，腿を持って大きく動かしてやってもよい。

クロール
ビート板ばた足

低・中・高

運動のポイント

■顔上げのばた足■

ビート板の先の方を持ち，肩を沈めた姿勢で準備する。

壁をけってスタートし，ばた足を打ち始める。

■顔つけばた足■

ビート板の手前を持ち，顔を水に入れるスペースをつくっておく。

顔を水につけて，壁をけってスタートする。顔を水につけているときは「ブー」と言いながら息を吐く。

つまずく動きと指導のポイント

●膝が曲がりすぎて水をとらえられない

➡ ビート板を胸に抱え，あおむけでばた足を行う（ラッコばた足）。膝が水面から大きく出ないように気をつけると，曲がりすぎが防げる。

34

泳ぐ――自分から運動して前に進む――最初の運動である。
　ビート板を支えにして体を浮かしてばた足で進む。足を交互に動かす比較的簡単な動きで進めるので，泳ぐ練習のスタートとして適している。
　顔を上げてのばた足と，顔をつけて息つぎをしながらのばた足の，両方を練習するとよい。

膝を曲げすぎて，水面から大きく足が出ないように打つ。水中でしっかり水をとらえて前へ進めるとよい。

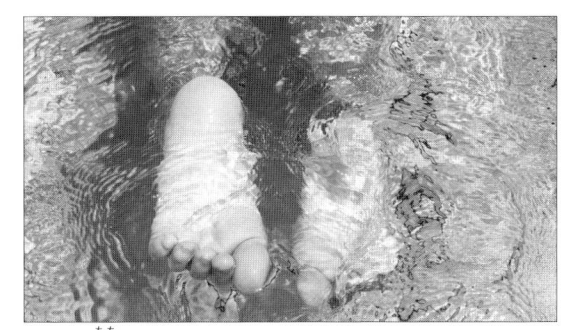

腿(もも)から脚全体を動かすように意識して水を打つ。
左右の足の幅は，親指どうしがさわるかさわらないかくらいがよい。

顔を上げたときに「バッ！」と大きな声を出して強く息を吐き出す。その反動で肺の中に新鮮な空気がはいってくる。

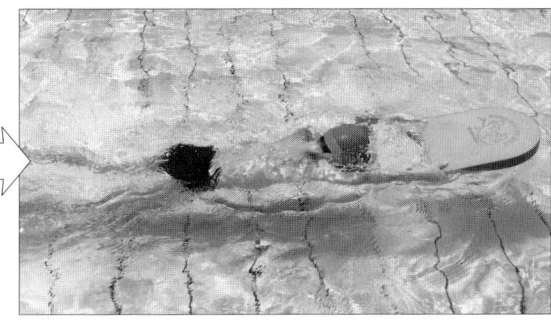

再び顔を水につけて「ブー」と言いながら，ばた足を続ける。

つまずく動きと指導のポイント

●息つぎで顔を上げすぎてしまう

➡ 息つぎであごを水面から離さないようにする。

35

クロール
面かぶりばた足

中・高

運動のポイント

■前息つぎの面かぶりばた足■

水中ロケット（けのび）(p.28)でスタートする。腕を耳の後ろで伸ばし，左右の手を組むことで頭を沈める。目線は自分のおへそ。

水中ロケットの姿勢のまま，ばた足を行う。上半身，下半身とも余分な力を抜き，水中でばた足を行う。

■横息つぎの面かぶりばた足■

前息つぎと同じように，水中ロケットでスタートし，ばた足で進む。水中では「ブー」と息を吐いている。

片手で腿まで水をかき，水から手を抜くのと同じタイミングで，その手と同じ方向に顔を上げ，「バッ！」と息を強く吐く。

つまずく動きと指導のポイント

● 前息つぎのとき，顔を上げすぎてしまう

➡ 小さいビート板（小さい浮力）で練習する。

ビート板ばた足(p.34)で進めるようになったら，ビート板なしでばた足を行ってみる。

はじめは前の息つぎで，息つぎとばた足に慣れてきたら，クロールのかきを1回入れてそれに合わせて横で息つぎをすると，クロールのコンビネーション(p.44)につなげることができる。

顔をつけている間は「ブー」，「バッ！」の瞬間に両手で水を下に押さえて顔を上げる。あごは水につけたまま，顔を上げすぎない。

再び顔を水につけて，水中ロケットの姿勢でばた足を続ける。力が入りすぎて，ばた足が激しくなると長続きしなくなる。

再び顔を入れ，左右の手を合わせてばた足を続ける。息は「ブー」と吐いている。ばた足は水中で水をとらえている。

前と同じ手で水をかき始めて，息つぎと合わせる。

つまずく動きと指導のポイント

●横息つぎのとき，前を見てしまう

手をかくときに，耳を肩から離さない，目線は後ろを見ることを意識して練習する。

クロール
手タッチクロール

低・中

運動のポイント

いかだ引き(p.25)でスタートする。お手伝いの子は水面に手を出し、その上に両手を乗せる。肩まで水に沈め準備する。

ばた足とクロールのかきを始める。お手伝いの子はゆっくり後ろに下がりながら、そっと手を引いてやる。

右側の息つぎの場合は、右手で水をかき終わった後、水から手を抜くのと同時に顔を右側に上げる。

顔を上げすぎないように気をつけて、息つぎをする。左手はお手伝いの子の手に乗せて、体を浮かせる支えにする。

つまずく動きと指導のポイント

●息つぎで顔を上げすぎてしまう、あるいは前に上げてしまう

➡ 顔の上げ方が悪い場合は、お手伝いの子が頭をさわって、本人にフィードバックしてやる。

2人組になって，仲間の手を支えに，クロールのコンビネーションの練習をする。
まだ推進力が十分でない子を軽く引っぱってやる，息つぎで体が沈みそうになるのを支えてやる，息つぎで顔が上がりすぎていることを本人にフィードバックしてやる，ということが可能になる。

ゆっくり大きな手のかきで泳ぐ。

水をかき終わってリカバリーした手は，再びお手伝いの子の手に乗せる。

息つ□□□□□□□□□せて
顔を□□□□□□□□□上で
いった□□□

左手で水をかき始める。
息つぎは，4かきに1回くらいが適当。

つまず□□□

●手□□□□□□□□□をとら
　え□□

お手伝いの子の手の上で，左右の手をいったん合わせることを意識させる。

この言い方は、間違い？

「けんけんがくがくの議論」

？

クロール
ビート板片手クロール

低・中

運動のポイント

左手をビート板の中央に乗せ，肩まで水に沈んで準備する。

スタートしたら，右手で大きくゆっくり水をかき始める。目線はおへそを見るようにして，頭を十分に沈める。

1かき目と同じように，ゆっくり大きく水をかく。

最後まで水をかき，水から手を抜くのに合わせて顔を上げ，大きく息つぎをする。そのとき，顔を上げすぎないように，耳を肩につけることを意識する。

つまずく動きと指導のポイント

●水を最後までかききれず，途中で手を水から抜いてしまう

➡ 腿をさわるまで水をかくと同時に，ビート板を前に押すようにして伸びる。

40

姿勢保持，息つぎの支えにビート板を用いる。お手伝いの子の手よりはやや不安定になるので，その分伏し浮きの姿勢が大切になる。片手のかきと息つぎの練習となる。左右両方を練習してバランスをとり，自分が得意な息つぎの方向も確認する。

自分の腿にさわるまでしっかり水をかききる。

かき終わった手を大きく前へ戻す。できるだけ遠くの水をとらえるイメージで，先のほうへ手を伸ばす。

手を前に戻すのに合わせて顔を水につける。目線をおへそに戻して，頭を十分に沈める。手はできるだけ先へ伸ばす。

次のかきを始める。息つぎは1回おきが適当。

つまずく動きと指導のポイント

● 息つぎで顔を上げすぎてしまう，前に上げてしまう。そのため下半身が沈んでしまう

➡ 手タッチクロール(p.38)を片手で行うのもよい。

クロール
ビート板クロール

低・中・高

運動のポイント

ビート板中央に両手を乗せてスタートする。

ばた足で進みながら、片手で水をかき始める。
もう一方の手はビート板に乗せておく。

いったん両手をビート板に乗せてから反対の手をかき始める。

腿をさわるまでかききったら、手を前方に戻す。それに合わせて顔を上げる。耳は肩につけて顔を上げすぎないようにする。

つまずく動きと指導のポイント

●息つぎで頭を上げすぎるため、ビート板に頼りすぎてしまう

➡ いかだ引きで浮きやすい姿勢（耳まで沈める）を確認する。

ビート板に左右交互に手を乗せ，クロールを行う。
　ビート板を息つぎの支えにして低い位置で息つぎをすること，最後までしっかり水をかいてビート板を押すように伸びることがポイントとなる。

水着の縁を越えて腿（もも）をさわるまでしっかりかききる。同時にビート板に乗せた手でビート板を前に押すように伸びる。

かき終わった手を前方に戻す。
推進力を落とさないように，ばた足を続ける。

目線は脇から後ろを見るようにして，前向きの呼吸にならないようにする。

手をビート板に乗せ，反対のかきを始める。

つまずく動きと指導のポイント

●ビート板に乗せる手の位置が悪いため，バランスが悪くなる

➡ 両手をいったんビート板の上でそろえる。両手を乗せたまま，ばた足をする時間をとってもよい。

クロール

クロール 中・高

運動のポイント

水中ロケット（けのび）(p.28)でスタートする。

浮き上がりながらばた足を打ち始め，浮き上がったら，片手をかき始める。

腿をさわるまでかききったら，手を前方に戻す。それに合わせて顔を上げる。顔を上げすぎないように，耳を肩につけることを意識する。

目線は脇から後ろを見るようにして，前向きの呼吸にならないようにする。反対側の手は前に伸ばしている。

つまずく動きと指導のポイント

●水をとらえないまま，腕を回すだけでのびのない泳ぎになる

かき終わった手をいったん前で合わせ，のびの姿勢をとる。「キャッチアップクロール」と呼ばれる泳ぎである。

ばた足と手のかきでスピードにのった泳ぎを目指す。
　手のかきは遠くの水をとらえて最後までかききること，ばた足は水中で水をとらえること。最大のポイントである息つぎは，低い位置で横向きに行うことが大切である。

水着の縁を越えて腿をさわるまでしっかりかききる。もう一方の手は肩からしっかり伸ばし，できるだけ遠くの水をとらえるようにする。

かき終わった手を前方に戻す。同時にもう一方の手で水をかき始める。

前に戻した手を水に入れて伸ばすのに合わせて，顔を水に入れる。反対の手は遠くの水をとらえ，かき始める。

入水した手を遠くへ伸ばす。

つまずく動きと指導のポイント

●息つぎで頭を上げすぎる，前に上げるなどで，下半身が沈みバランスをくずす

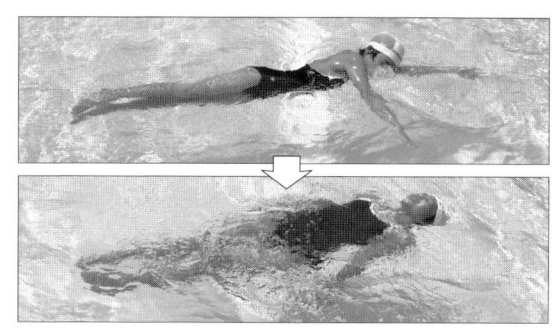

伏し浮きから，水をかいて背浮きになる。頭は半分以上沈めたままで浮き身を維持する。

45

クロール

クロールのプル

中・高

運動のポイント

ビート板が背面に大きく出るように腿にはさむ。前後で均等になるようにはさむと浮力が大きすぎてバランスが悪くなる。

プル練習用のブイや小さいビート板を用いてもよい。

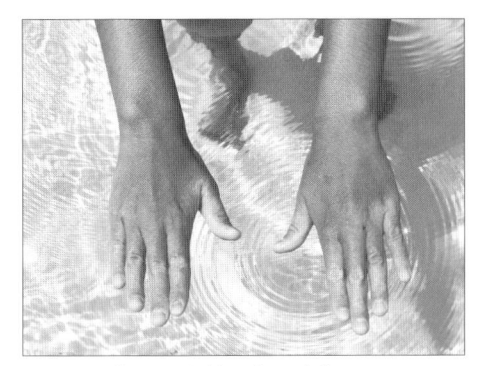

手の指は、人差し指と中指をつけ、あとの指は軽く閉じる。
思い切り開いた「パークロール」、こぶしで泳ぐ「グークロール」を経験させると、指の適度な開き具合を実感できる。

つまずく動きと指導のポイント

●手の入水位置が体の中心線よりも内側に入りすぎる

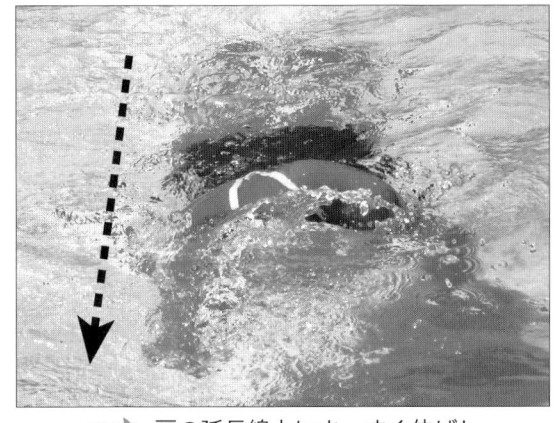

➡ 肩の延長線上にまっすぐ伸ばして入水する。

ビート板を腿にはさむことで下半身の浮力を得て，手のかき，息つぎに意識を集中して練習をすることができる。手のかきでしっかり水をとらえているか確認もできる。

※連続写真は，クロールとほぼ同じになるので，プル練習のポイントを示す。

練習初期の子は，肩から真下に水をかくことが多い。左右の手のかきのリズム，息つぎとの協調が課題であるうちはこれでもよい。

練習が進んできたら，体の中心線の下をかくようにしていく。肘を曲げた方が水をかく手に力が入る。

上級者は矢印のようなＳの字型のプルになる。

つまずく動きと指導のポイント

● 入水が指先からでなく，肘から，あるいは腕全体で水をたたくように入水してしまう

➡ 手を前に戻すリカバリー動作は，肘を軽く曲げて行うと指先から入水しやすい。入水したら，手だけでなく，肩関節から伸ばすイメージで。

クロール

腿タッチクロール

中・高

運動のポイント

水中ロケット（けのび）(p.28)でスタートする。

浮き上がったら，片手をかき始める。

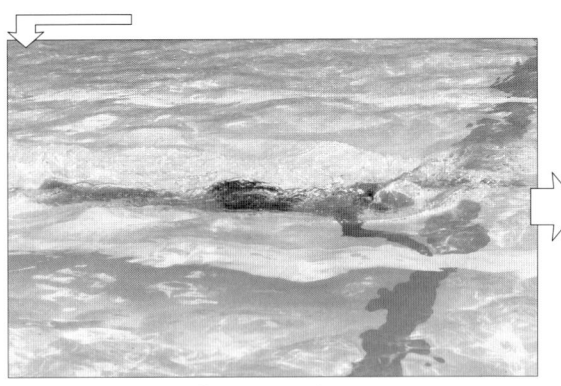

左手を前に戻し入水する。
右手は水をかき始めている。

腿の外側を，親指か，親指・人差し指の2本指でさわるまで，水を押すようにしっかりかく。もう一方の手はしっかり伸ばす。

つまずく動きと指導のポイント

● 腿をさわるまでかいても，反対の手がしっかり伸ばせず，抵抗のない姿勢（グライド姿勢）がとれない

➡ 小さめのビート板でビート板クロールを行う。腿をさわるときに，反対の手でビート板をしっかり押すようにする。

クロールでは、プルの最後に水を後方にしっかり押すことでもっとも強い推進力が得られる。その部分に焦点を当てた練習方法である。

水着よりも後方の腿をさわってから手を水から抜き、リカバリーにはいることで、最後までしっかり水を押すことになる。

水着の縁を越えて腿をさわるまでしっかりかききる。腿の外側を親指か、親指・人差し指の2本指程度でさわる。

腿にさわったら、水から腕を抜き、前方に戻し始める。

右手が腿にさわったら、水から抜いて前へ戻す。腿タッチクロールの場合、リカバリー動作で肘が伸びやすいが、よしとする。

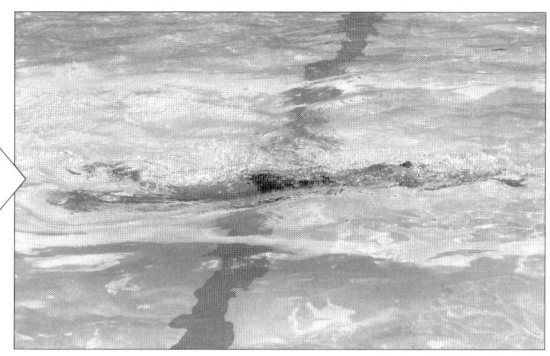

右手を入水してしっかり伸ばす。左手は水をかき始めている。

つまずく動きと指導のポイント

● 息つぎをするときに、水を下に押さえて浮力を得ようとして、前に伸びることができない。片方だけのびのない泳ぎになってしまう

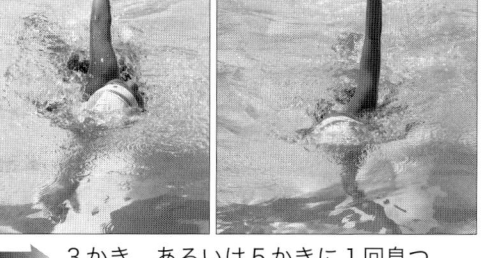

3かき、あるいは5かきに1回息つぎをいれることで両側で息つぎをすることになり、左右のバランスがとれる。

49

クロール
のびのびクロール　高

運動のポイント

水中ロケット（けのび）(p.28)でスタートする。けのびでどれだけ進めるかもストローク数に大きくかかわってくる。

浮き上がっても，前進している間はけのびの姿勢を保った方がかきの数は少なくなる。

かききった手を前に戻し，抵抗の少ない姿勢を保って前に伸びる。

手を前に戻し入水したら，抵抗の少ないけのびの姿勢をとってできるかぎり前に進む。

つまずく動きと指導のポイント

● けのびで浮き上がる前に手のかきを始めて，かえって抵抗が大きくなってしまう

➡ 水中ロケット（けのび）(p.28)で，前に進まなくなるまでしっかり姿勢を保持するように練習する。

プルの練習(p.46)の要領でビート板を腿にはさみ，手のかきだけで泳ぐ。
　水を最後までかききったら抵抗の少ない姿勢をつくり，かいた勢いでできるだけ前に進む。一定距離をできるだけ少ないストローク数で泳げるとよい。

進まなくなってきたら，片手をかき始める。

腿タッチクロールの位置までかききる。

前に進まなくなってきたところで，反対の手をかき始める。

再び腿タッチクロールの位置までしっかり水をかき，できる限り前進する。

つまずく動きと指導のポイント

●水をかき終わった後，けのびの姿勢でバランスがとれなくなって，前に進まなくなる

➡ 片手でのびのびクロールを行って，左右のかきに得意不得意がないようにバランスをとる。

クロール

ノーブレスクロール

高

運動のポイント

息を大きく吸い込んで，水中ロケット（けのび）(p.28)と同じ準備をする。
※過呼吸症候群になることを避けるため，深呼吸を繰り返しての準備はしない。

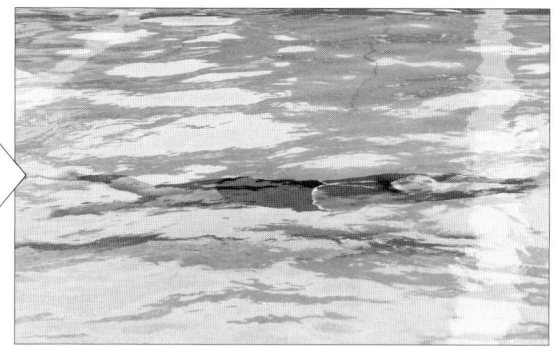

浮き上がりながらばた足を打ち始める。

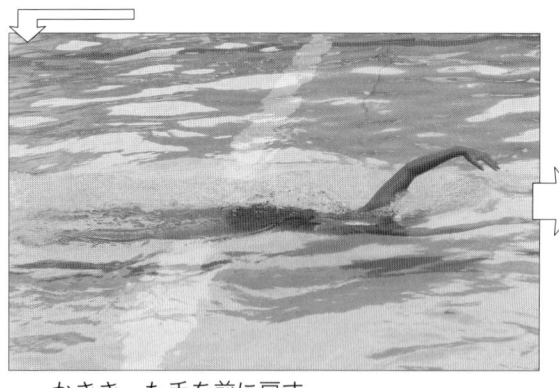

かききった手を前に戻す。
ゆったりしたリズムで反対の手をかき始める。

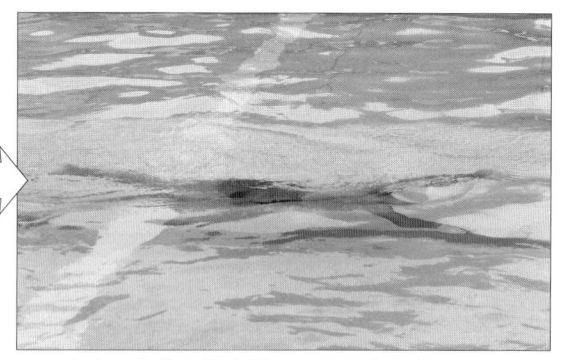

水中で自分の腕を見て，水をとらえていることを感じながらかく。

つまずく動き

●ノーブレスや潜水泳法の前に深呼吸を繰り返して酸素を取り込むのは，危険なので禁止する

指導のポイント

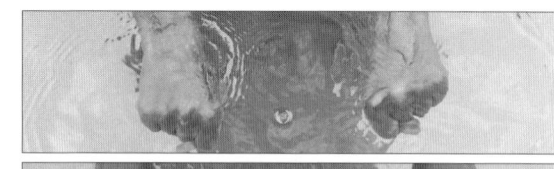

➡ 掌をグーやパーにして泳いでみて，手の指の適度な開き具合を確認する（p.46参照）。

52

クロールでもっとも難しいのは息つぎである。腕の動きに合わせて，横向きに頭を上げすぎないように息つぎをするのは，初心者や子どもにとっては相当に難しい。そこで10m程度の距離を，息つぎをしないで腕のかき，ばた足に集中して練習しようというのが，ここで紹介する「ノーブレスクロール」である。全力の6割～7割程度の力で泳ぐと，息が続きやすい。

浮き上がったら腕をかき始める。
水中で自分の腕のかきをよく見る。

腿タッチクロールの位置までかききる。

最後に水を押しきるところに力を入れる。
反対の手はしっかり伸ばす。

腿タッチクロールの位置までしっかり水をかく。息つぎはせず，体が前に進んでいることが感じられるとよい。

➡ 肘を伸ばしたままでかく泳ぎ，肘を曲げて体の中心線をかく泳ぎ，両方を試して，後者の泳ぎへと徐々に移行していく。

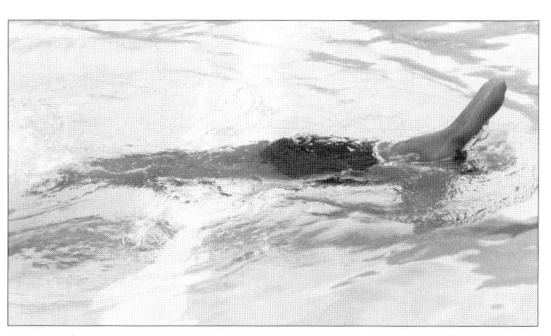

➡ 親指を脇につけて肘を回転させて泳ぐ。肩甲骨から大きく動かすイメージで，ローリングを体験する。ノーブレスの距離は3m～5m。

IV. 平泳ぎ

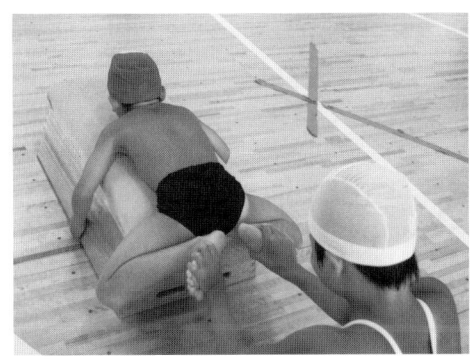

平泳ぎ
お手伝いかえる足

中・高

運動のポイント

「イチ」

マットやとび箱などで段差をつくり，股関節が十分曲げられる高さにする。
「イチ」で股関節，膝関節，足首を十分に曲げ，足の裏が後方，または上を向くように引きつける。

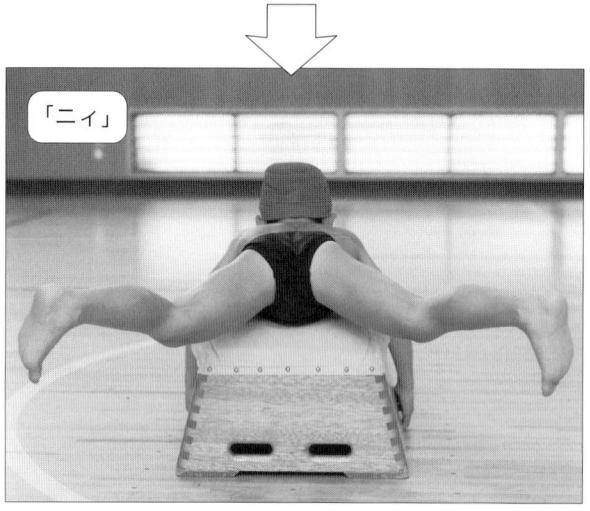

「ニィ」

「ニィ」で股関節は開いたまま膝を伸ばす。このとき足首は曲げたままで，かかとから押し出すようにする。これができると，足の裏で水をとらえられるようになる。

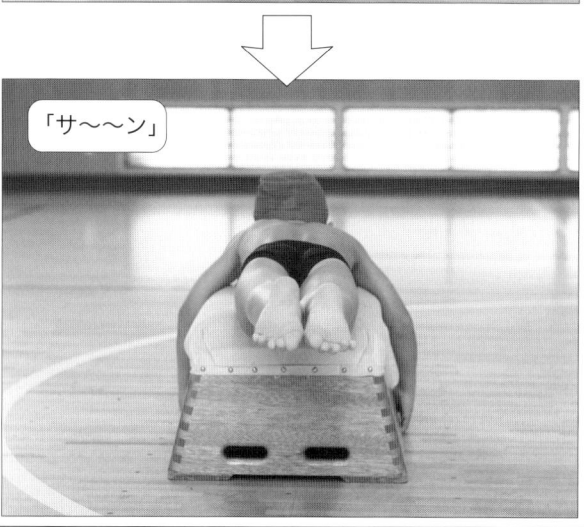

「サ～～ン」

「サ～～ン」とゆっくりしたリズムのカウントで脚を閉じ，水をはさみこむようにしっかり伸ばす。

水中で練習する前に，陸上でマットやとび箱などを用いて床と段差をつくり，かえる足の動きを練習する。水に浮いて姿勢を保つというハードルを外して，足の動きに集中させるのがねらいである。

つまずく動き

●「イチ」で足を引きつけるときに，足首が伸びて足の甲が後方へ向いてしまう
これだとかえる足にならずに，バタフライのドルフィンキックに近くなってしまう

お手伝いの方法

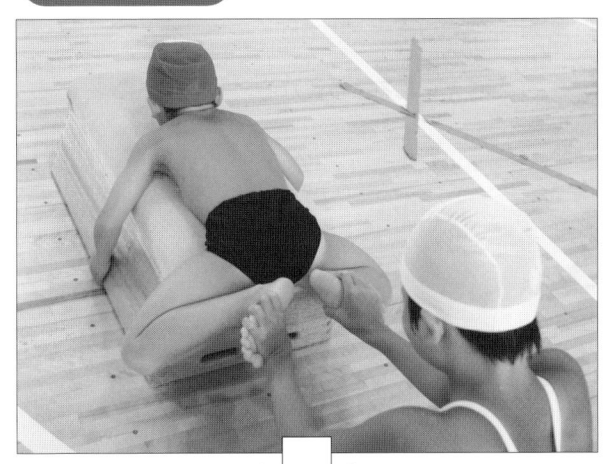

足の裏をつかむように持つ。
「イチ」のときに足首がしっかり曲がるようにお手伝いをする。
このとき，「ニィ」で強くけりすぎないように気をつけさせる。

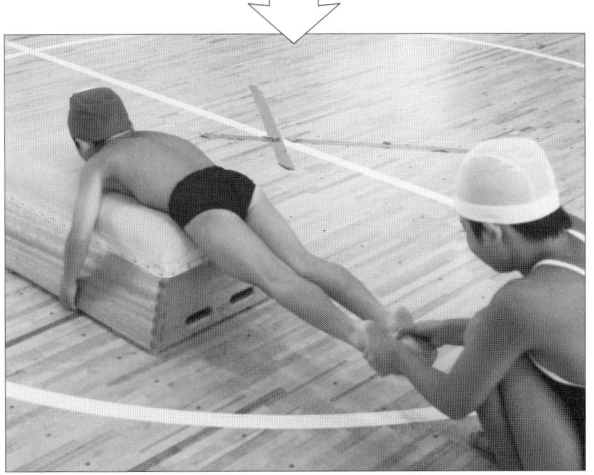

「サ〜〜ン」でしっかり脚が伸びない場合も，お手伝いが必要になる。
両足がぴったりついて，伸びた状態が抵抗の少ない姿勢になるので，この姿勢をしっかり意識させる。

平泳ぎ
腰かけかえる足

中・高

　プールサイドに腰かけ，足だけ水に入れて，自分の目で動きを確認しながらかえる足を行う。足を水に入れることで，水の抵抗を感じながら練習することができる。

運動のポイント

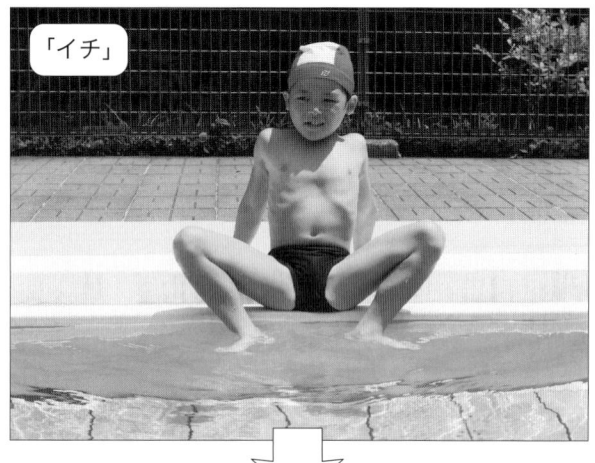

「イチ」

プールサイドのステップに腰かけて，足を水の中に入れる。
「イチ」で股関節，膝関節，足首を十分に曲げ，対面している人から足の裏が見えるようにかまえさせる。

「ニィ」

「ニィ」で股関節は開いたまま膝を伸ばす。このとき足首は曲げたままで，かかとから押し出し，足の裏で水をとらえられるようにする。
足首がしっかり曲がっていることを確認する。

「サ〜〜ン」

「サ〜〜ン」とゆっくりしたリズムのカウントで脚を閉じ，水をはさみこむようにしっかり伸ばす。

平泳ぎ
壁かえる足

中・高

　壁につかまって，体を水平にしてかえる足の練習をする。自分の足は見えないので2人組で見合ったり，教え合ったりするとよい。

運動のポイント

壁につかまり，体を水平に浮かせて，かえる足を行う。ペアの仲間が後ろから見て，かえる足ができていなければ，お手伝いかえる足(p.56)と同じ方法でお手伝いをする。

体を水平に保つため，壁につかまる手は上下にずらす。

つまずく動きと指導のポイント

●自分の足の動きが気になって，後ろを見てしまう

　　➡　後ろを見ると腰がひねられ上下差ができてしまう。
　　　　足の動きはペアの仲間や教師が見ることにして，かえる足の練習は前を向いてさせる。

平泳ぎ
ビート板かえる足

中・高

運動のポイント

ビート板の先の方を持ち，肩を沈めた姿勢で準備する。

壁をけってスタートして，十分にのびをとる。

足首を曲げたまま，かかとから押し出すように水をける。初期の段階では，膝は開いたまま，幅の広いかえる足でもよい。

膝が伸びきるまでける。

つまずく動きと指導のポイント

● 引きつけ動作の際に，膝が前に出すぎて大きな抵抗になってしまう

➡ 陸上の床の上で引きつけ動作を練習して，膝を前に引かない動作を覚える。

かえる足の動きができてきたら，ビート板を使って練習する。水をとらえていれば前に進むが，足の裏で水をけることができていない，水の抵抗を大きく受ける姿勢になっているなどの場合は，なかなか前に進まない。壁かえる足(p.59)や，ラッコかえる足(p.62) などとのスパイラル的な練習が大切になる。

膝を開いて，足首，膝を曲げ，足を引きつけ始める。

かかとをお尻の近くまで引きよせる。足首が十分に曲がっていること，膝を前に引きすぎないことが大切になる。

脚を閉じ，体全体をしっかり伸ばす。もっとも推進力が大きく，抵抗の少ない瞬間であるので，この姿勢を大切にする。

十分に伸びたら，前進がとまる前に次のかえる足への引きつけを始める。

つまずく動きと指導のポイント

●けり出すときに水面から足が出てしまって，水が泡立ち，推進力が得られない

⇒ おなかを引っ込めた，浅い「く」姿勢をイメージすることで，やや下に向かってけり出すことができる。

平泳ぎ
ラッコかえる足

高

運動のポイント

ビート板を逆さにして，胸に抱えて用意する。ビート板と胸の間にすき間をつくらないように気をつける。

耳を沈めた姿勢の背浮きでスタートする。

引きつけた足をけり出す。足首は曲げたまま，かかとからけり出すイメージで。

膝が伸びきるまでける。

つまずく動き

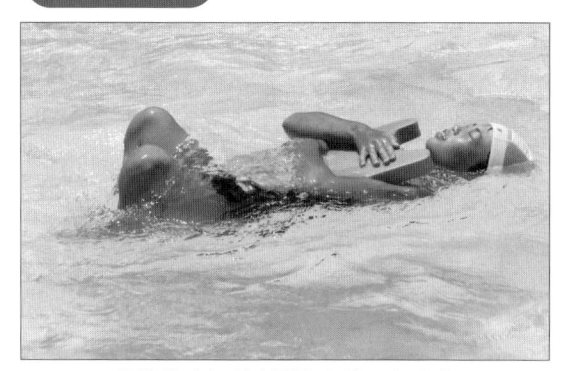

●膝やすねが水面から出てしまう

●腰や下半身が沈みすぎてしまう

かえる足の引きつけ動作のとき,膝が前に出すぎると腿が水の大きな抵抗を受ける。

膝を前に出さないで,お尻にかかとをのせるような引きつけ動作にしたい。そのために,背浮きの姿勢で膝が水面から大きく出ないように意識して,かえる足を行う。

膝を開いて,足首・膝を曲げ,足を引きつけ始める。

かかとをお尻の下につけるように引きつける。このとき膝が水面から大きく出ないように注意する。

膝が伸びたら,足を閉じて体全体をしっかり伸ばす。自分の足を見たくなるところだが,真上を見て耳は水の中に入れておく。

十分に伸びきったら,前進がとまる前に次の引きつけを始める。

指導のポイント

▶ ビート板と胸が密着するように抱え込み,お尻の下にかかとをつけることを意識する。

▶ 仲間と水面から膝が出ていないか,耳まで沈んでいるかどうかを見合って,練習を進める。

平泳ぎ
気をつけかえる足

高

運動のポイント

手を両脇にそろえた「気をつけ」の姿勢で準備する。

壁をけってスタートする。気をつけの姿勢で抵抗が大きいため、けのびのようには進めない。

膝が伸びきるまでける。

膝が伸びたら、足を閉じて体全体をしっかり伸ばす。気をつけの姿勢でおへそを見るようにして頭を沈め、バランスをとる。

つまずく動きと指導のポイント

●頭が高すぎて下半身が沈んでしまう

→ あごを引き、おへそを見るようにして耳まで水に沈める姿勢をつくる。伏し浮き(p.22)やいかだ引き(p.25)を行うのもよい。

ラッコかえる足(p.62)同様，引きつけの動作で膝が前に出すぎないようにするための練習である。
　ビート板を持たず，手のかきもなしで息つぎをするため，よい姿勢で伏し浮きができることが前提になる。

かかとをお尻の上に乗せるように引きつける。もっとも引きつけたときに，気をつけをしている手でかかとをさわる。

かかとにさわったら，引きつけた足をけり出す。足首は曲げたまま，かかとからけり出すイメージで行う。

十分に伸びきったら，口まで出る程度顔を上げ，息つぎをする。水中で息を吐いておき，短時間で息つぎをすませる。

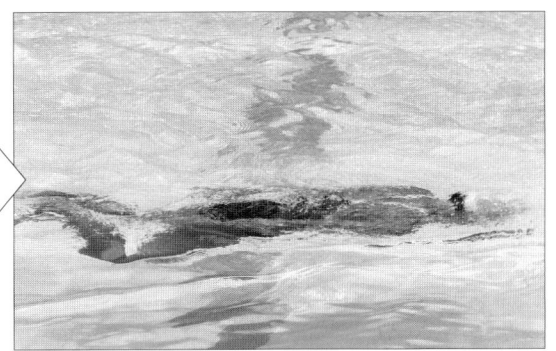

再度，おへそを見るようにして頭を沈め，次のかえる足の引きつけを始める。

つまずく動きと指導のポイント

●息つぎで顔を上げすぎ，その反動で体が沈みバランスが崩れる

➡ 水中で息を吐いておき，顔を上げた瞬間「パッ」と大きな声を出すと，その反動で肺に空気が送りこまれる。

65

平泳ぎ

平泳ぎのプル

高

運動のポイント

ビート板が背面に大きく出るように腿にはさむ。前後で均等になるようにはさむと浮力が大きすぎてバランスが悪くなる。

平泳ぎの場合，プル練習用のブイや小さいビート板の方が浮力が小さく，下半身が浮きすぎないので練習しやすい。

平泳ぎのプルは図のような，逆さのハート型になる。
両手をそろえるプルのまとめは顔の下になる。

つまずく動き

●手を後ろへかきすぎて，手を前に戻す動作が抵抗となり，前進が完全にとまってしまう

●息つぎで顔を上げるときに，ハート型のプルではなくなって，水を下に押さえてしまう

ビート板を腿にはさみ，かえる足をやめて，手のかきに集中して練習を行う。
手のかきによる推進力はクロールより小さいので，ピッチの速すぎる泳ぎにならないように注意する。
※連続写真は，平泳ぎとほぼ同じになるので，プル練習のポイントを示す。

練習初期の子は，肘を引いてしまうプルでもよい。

練習が進んできたら，肘を前方高い位置に残したかき動作（ハイエルボー）にしていきたい。

指導のポイント

➡ 水をなでるスカーリング動作の体験をしてみて，水を後ろに押さなくても前に進めることを知る。
外にかくときは掌を外側に向け，内側にかくときは内側に傾ける。肘から先を大きく動かし体が浮いたり，進んだりできるよう練習する。

※プールの水面があまり波立たないように静かに入水して，20cmほどの深さで片手のスカーリングをすると，その部分の水が下に押され，洗面所の栓を抜いたときのような渦ができる。
お風呂で練習するのもよい。

平泳ぎ

平泳ぎ

中・高

運動のポイント

水中ロケット（けのび）(p.28)でスタートする。

浮き上がったら，手のかきを始める。競泳で見られるような「1かき・1けり」を入れるのもよい。

足を引きつけたときには，膝を前に出さないように気をつける。足首を十分に曲げる。

かかとから押し出すように水をける。同時に手を前方に伸ばし，のびの姿勢をとる。

手足のリズムを整えるためのポイント

「かいて」

「ける～～～」

自分の中で「かいて・ける～～～」のリズムを唱えながら泳ぐ。
耳元で教師が口伴奏をしてやるのもよい。

かえる足と逆ハート型のプル(p.66)を合わせて，コンビネーションで泳ぐ。それぞれが完成していなくても，平泳ぎ全体のリズムを感じるためにコンビネーションで泳いでみることも大切である。
　かえる足，プル，コンビネーションの練習をスパイラル的に進めていく。

肘を前方高い位置に残したハイエルボーのかきを意識する。
息つぎのために顔を上げ始める。

顔の下でかきをまとめ，息つぎをする。足の引きつけを始める。平泳ぎは1かきごとの息つぎがよい。

脚を閉じ，体全体をしっかり伸ばす。もっとも推進力が大きく，抵抗の少ない瞬間であるので大切にする。目線はおへそ。

前進がとまる前に次のかきを始める。

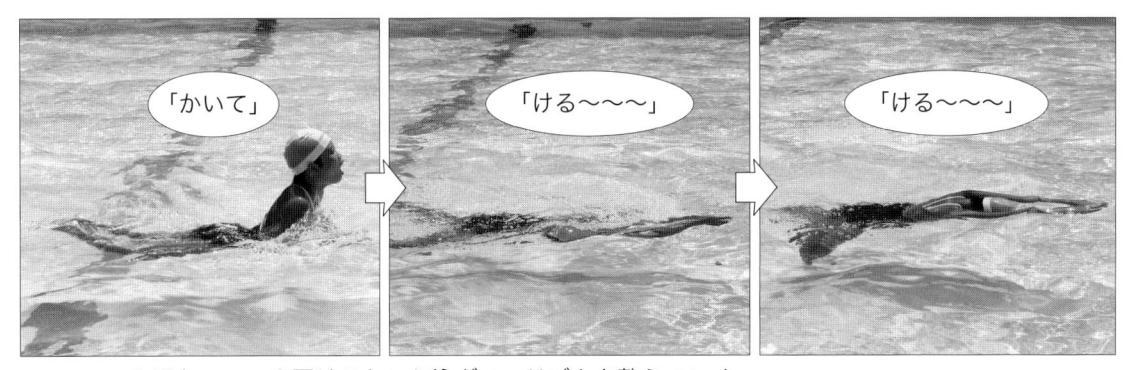

「かいて」

「ける〜〜〜」

「ける〜〜〜」

1回かいて，2回けるという泳ぎで，リズムを整えていく。
かえる足ができていれば，より前に進みやすい泳ぎとなる。「かいて・ける〜〜〜・ける〜〜〜」となって，ゆったりしたリズムとなる。

平泳ぎ
顔上げ平泳ぎ

高

運動のポイント

顔を上げたまま，軽く壁をける。

手のかきは，通常の平泳ぎよりも平面的な動きになる。水をなでるようにして浮力を得る。

つまずく動き

● 顔を上げすぎて，体，特に下半身が沈んでしまう

● 体が反っているため，やはり体が沈みやすい。長く泳いでいると，首の疲労もたまりやすい

指導のポイント

➡ あごを水につけたまま泳ぐ，あるいは口まで水につけて泳ぐ練習を通して，できるだけ体を平らに水に浮かせることを意識させる。

いちおう平泳ぎができたなら，顔を上げたままの平泳ぎも経験しておくとよい。
　自然の中の川や海で泳ぐときは，底にラインや目印はない。目標物を見て泳ぐことも必要になるからである。隊列を組んでの遠泳にも必要な技能となる。

かえる足で水をけったら，しっかり伸びる。かえる足で進み，手のかきは浮くために水をなでるスカーリング動作となる。

目標物を見て泳ぎを続ける。

■集団での泳ぎ■

プールで隊列を組んで泳ぐ。前の子の頭から自分の頭までの距離を2m〜2.5mとして，列をまっすぐに整える。
ターンでは壁を使わず，長い長方形を描くイメージでターンをするとよい。
5分〜15分を目標とする。

■集団時間泳でのプールの使い方（40人学級が一度に泳ぐ使い方）■

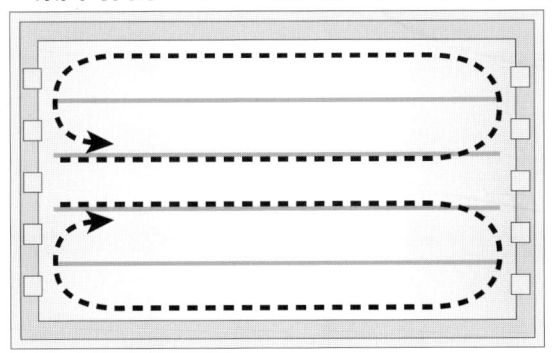

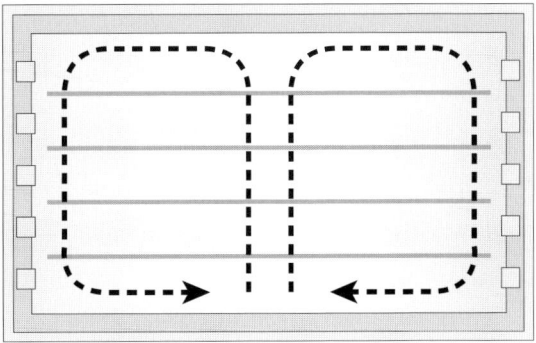

※プールの半面しか使えない場合は，ライン1本分で，20人程度で泳ぐ。

71

V. 背泳ぎ

背泳ぎ

背泳ぎキック

中・高

運動のポイント

■ビート板あおむけキック■

ビート板を頭の後ろに持ってかまえる。ビート板手前の突起を肩にかけるようにする。

壁をけってスタートする。

■気をつけあおむけキック■

手を下に下ろして準備する。

壁をけってスタートする。

■背泳ぎキック■

水中ロケット(p.28)と同じく，耳の後ろで腕を伸ばし，両手を合わせるストリームラインでスタートする。

いったん水にもぐってから壁をけり，水中ロケットをあおむけの姿勢でスタートする。鼻から息を吐くと水がはいらなくなる。

あおむけのばた足は背泳ぎにも，クロールにも有効な練習である。水面から膝が大きく出るようであれば，膝の曲げすぎである。
※ここでは，ラッコばた足（p.34下段）以外の練習を紹介する。ポイントは共通で，①真上を見て，耳まで頭を沈める，②おへそを出すような姿勢で下半身を浮かせる，③膝を曲げすぎない，である。

壁をけった勢いがなくなってきたら，膝を曲げすぎないようにばた足を行う。

前（上）へのキックと同様，後ろ（下）へのキックもしっかり打つように気をつける。

手は腰の脇でスカーリング動作(p.67)をして体の浮きを助ける。

キックでしっかり水をとらえてスピードが出てくると，より体が浮いてくる。

体が浮いたらキックを始める。
背浮きの姿勢，左右のキックのバランスをとり，まっすぐ泳ぐ。

あごを引きすぎないように気をつける。顔に多少水がかかっても，我慢してキックを続ける。

背泳ぎ

背泳ぎ　　　　　　　　　　　　　　　　　　　　　　　　　　　　　高

運動のポイント

■気をつけ背泳ぎ■

気をつけあおむけキック(p.74)でバランスをとって進む。腰の脇でスカーリング(p.67)をして浮力を助ける。

右手を水面上に上げ、前へ伸ばす。肘は伸ばしておけるとよい。

■背泳ぎ■

背泳ぎキック(p.74)と同じようにスタートする。

浮き上がったら右手をかき始める。左手は前に伸ばしたまま。

つまずく動きと指導のポイント

●前に戻した手の入水が内側に入りすぎる

➡ 意識的に外側に入水する泳ぎを続けて直していく。

背浮きのばた足でバランスをとって進めるようになったら,手のかきを加えて背泳ぎに挑戦する。
背浮きの姿勢で腕を高く上げてリカバリー動作をするため,浮きやすい姿勢を保つことが大切になる。はじめは,ばた足で進みながら手を回しているというイメージになる。

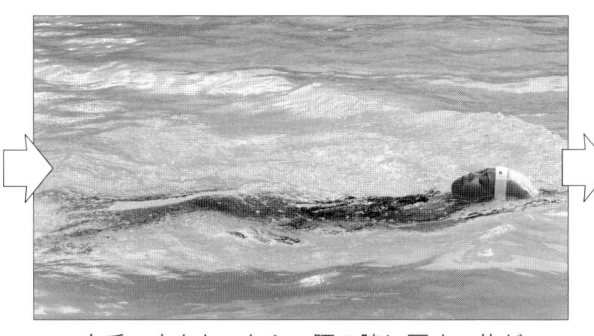

右手で水をかいたら,腰の脇に戻す。体がよく浮いていなければ,両手を腰の脇にして,スカーリングをしてもよい。

左手を水面上に上げ,肘を伸ばして前へ伸ばす。

右手をかき終わったら,親指側から水面上に出し,肘を伸ばして前に戻す。このとき,左手は水中で水をかき始めている。

左手がかき終わるときに,右手は小指から入水する。

つまずく動きと指導のポイント

●あごを引いて腰が沈む

➡ 背浮き(p.24)の姿勢を確認する。真上を見て耳まで水に沈め,おへそを出すような姿勢をつくる。

背泳ぎ

イカ泳ぎ

高

運動のポイント

背浮きの姿勢でバランスをとる。

ラッコかえる足(p.62)の要領で足を引きつけ始める。手も肩の方へ上げてくる。

膝が伸びるまでけり，肘がしっかり伸びるまで水を押す。

かえる足をけり終わったら，しっかり体を伸ばす。腕は体の脇につけ，抵抗の少ない姿勢をつくる。

つまずく動き

●足の引きつけで膝が水面から出て，体が沈んでしまう

●あごを引いて腰が沈む

「ちょうちょう泳ぎ」や「エレメンタリーバックストローク」とも呼ばれる泳ぎである。
背浮きの姿勢で，かえる足と後方へ水を押す手の動きで進む泳ぎ方。万が一の水難事故の際に，呼吸を確保しながら助けを待つのに役立つ泳ぎ方である。

足をお尻の下に引きつけてくる。手も同時に肩の辺りまで引き上げてくる。

かえる足で水をけるのと同時に，手で後方へ水を押し始める。

姿勢を保ち，1回のけりとかきでできるだけ進む。

前進がとまりそうになったら，手足を引きつける。

指導のポイント

➡ ラッコかえる足(p.62)で，背浮きの姿勢のかえる足に慣れる。

発展

イカ泳ぎで2分～5分程度自由な方向へ泳ぎ続けるという課題は，自分の命を守ることにつながる。

■著者紹介

平川　譲（ひらかわ　ゆずる）

1966年　千葉県に生まれる
1989年　東京学芸大学教育学部中学校教員養成課程保健体育科卒業
千葉県成田市立加良部小学校，千葉県印西市立原山小学校を経て，
1999年より筑波大学附属小学校教諭，現在に至る

・筑波学校体育研究会理事
・使える授業ベーシック研究会常任理事

【著書】
『体育・いっしょにのびる授業づくり－子ども・なかま・教師－』（体育授業Cシリーズ）
　　　　　　　　　　　　　　　　　　　　　　　東洋館出版社，2005年（単著）
『すぐわかるすぐできる体育科授業のコツ34』小学館，2003年（共著）
『子どもが力をつける体育授業－筑波大附小・33事例とカリキュラム－』（筑波叢書4）
　　　　　　　　　　　　　　　　　　　　　　　不昧堂出版，2004年（共著）
『苦手な運動が好きになるスポーツのコツ③水泳』ゆまに書房，2005年（単著）
『体育のなぞ』草土文化，2007年（単著）
『授業でそのまま使える！子どもがグーンと賢くなる面白小話・体育編』（基幹学力・小話シリーズ7）
　　　　　　　　　　　　　　　　　　　　　　　明治図書出版，2007年（共著）
『子ども力を高める授業』図書文化社，2008年（一部執筆）

＜小学校体育＞写真でわかる運動と指導のポイント　水泳
Ⓒ Y.Hirakawa 2009　　　　　　　　　　　　　　　　　NDC375／79p／26cm

初版第1刷発行────────2009年6月1日

著　者────────平川　譲
発行者────────鈴木一行
発行所────────株式会社 大修館書店
　　　　　　　　　〒101-8466　東京都千代田区神田錦町3-24
　　　　　　　　　電話03-3295-6231(販売部) 03-3294-2358(編集部)
　　　　　　　　　振替00190-7-40504
　　　　　　　　　[出版情報] http://www.taishukan.co.jp

編集協力────────錦栄書房
装幀・本文レイアウト────阿部彰彦
印刷所────────横山印刷
製本所────────難波製本

ISBN 978-4-469-26684-9　Printed in Japan
Ⓡ本書の全部または一部を無断で複写複製(コピー)することは，著作権法上での例外を除き禁じられています。